COTTO E TROMBATO

Ricette segrete per diventare escort

Joie de Vivre

NOTE

La presente opera è frutto di pura fantasia. Ogni riferimento a nomi di persona, luoghi, avvenimenti, indirizzi e-mail, siti web, numeri telefonici, fatti storici, siano essi realmente esistiti od esistenti, è da considerarsi puramente casuale.

'COTTO E TROMBATO'

Ricette segrete per diventare escort

di *Joie de Vivre*

Proprietà letteraria riservata

Immagine in copertina: © Stas Perov - Fotolia.com

Clipart donna: © mariolina - Fotolia.com
Clipart uomo: © VicenteAlfonso - Fotolia.com

ISBN 978-1-4709-8466-3

Dedico quest'opera a tutte le persone che mi conoscono e che mi hanno soprannominata 'gioia di vivere', motivo del mio pseudonimo.

Un sentito ringraziamento, sin da ora, ai miei futuri lettori, che avranno (spero) il piacere di approfondire la lettura riga per riga.

Le persone invece che, vorranno condividere pareri, dubbi o perplessità in merito, possono seguirmi su Facebook alla pagina 'Cotto e Trombato'.

Joie de Vivre

 # INDICE DELLE RICETTE

HOMME AIMABLE

"…Siate pazzi, siate affamati. Io me lo sono sempre augurato per me stesso."

Steve Jobs

DONNE

Non ci sono farmaci, non esistono terapie, la prostituzione è sempre esistita e per eliminarla bisognerebbe estinguere il genere maschile!

Ma non ce n'è bisogno…scherziamo??? Finirebbe la fortuna delle donne!

Anzi, vi darò qualche ricetta piccante per diventare escort. Se lo siete già, questo manuale vi guiderà a diventare più brave, ottenendo il massimo rendimento dalle vostre doti, per conquistare un ceto di uomini più ricco e generoso.

Analizzate, per ogni ricetta, ciascun singolo ingrediente e cercate di metterlo in pratica nel migliore dei modi.

Unite il tutto e vedrete che conquisterete ciò che vorrete, anche nella vita.

L'amore per ora non vi interessa, lasciatelo alle altre.

À la bonne heure, mes amie!

FEMME FATALE

(Donna fatale)

Ingredienti :

Un pizzico di magia

Elisir non verbale

Bellezza q.b.

Sensualità in abbondanza

Niente sentimenti

Mescolate e trombate!

La dolcezza della femminilità si abbina alla perfezione con il sapore dolce della sensualità: questo ingrediente unito al sorriso e alla bellezza, evidenzia la particolare capacità di ottenere equilibrio e un pizzico di magia!

PIZZICO DI MAGIA

© Igor Mojzes - Fotolia.com

Preparazione:

Prima di tutto bisogna distinguere la differenza fra Escort e Wing Woman. A quest'ultima viene richiesta solo la mansione di accompagnatrice e intrattenitrice, un po' come la Geisha.
La Wing Woman, si presta per intrattenere ospiti a qualche festa e per far fare bella figura a qualche uomo che altrimenti sarebbe stato 'solo' nel corso di una serata o di un evento. Questa donna è avvenente, sensuale e può aiutarvi a rendervi interessanti davanti agli occhi di qualcuno, oppure fare ingelosire qualche figura femminile a voi cara, ecc. Questa moda arriva dagli Stati uniti, ma sta iniziando a prendere piede anche in Italia.

Alla Escort invece, viene richiesto non solo di accompagnare gente benestante, a feste e ricevimenti ufficiali, ma si rende disponibile anche per prestazioni sessuali. Ovviamente il prezzo fra la Escort e la Wing Woman è differente, ma tutte e due sono abbastanza 'care'. Il punto sta proprio qua:

- La Escort non è altro che una prostituta, ma di lusso.
- La Wing Woman non è altro che una accompagnatrice, ma di lusso.

Detto ciò, vi è un altro tipo di differenza: fra la prostituta e la escort. Non è una questione di lingua (termine da italiano a inglese) e non tutte sono portate per fare questo lavoro. Molte pensano di si, ma non è neanche una questione di aprire solo le gambe (detta come va detta). È soprattutto un fatto di savoir-faire, di classe, di squisitezza nei gusti e nei modi. Sapere quando è il momento di parlare e quando invece, è il momento di ascoltare. Gestire le situazioni con testa, con eleganza e per mettere in pratica tutto ciò, ci vuole un pizzico di magia. Ossia? Per magia, io intendo quel fattore che a pelle ti sa conquistare, quel qualcosa che non si vede ma c'è, classe, chiamatela come volete. Per me, tutto ciò è dato dal sesto senso e dal buon senso. Che sono due cose differenti.

Il sesto senso, vi aiuta a capire ciò che è più giusto per voi in quell'esatto momento. È un sistema di allarme della nostra testa che ci avverte per tempo quando qualcosa non va. Se il vostro sesto senso vi presagisce sensazioni negative, ascoltatelo. Se il vostro sesto senso vi presagisce sensazioni positive, ascoltatelo. Sempre.

Per quanto riguarda il buon senso, vorrei riportare una citazione di Sandro Vigani, in grado di rendere giustizia a ciò che intendo per 'pizzico di magia':

'...Alessandro Manzoni, che certo non peccava per eccesso di ottimismo, scriveva che "il buonsenso c'è, ma se ne sta nascosto, per paura del senso comune". Lo scrittore, filosofo e poeta statunitense Ralph Waldo Emerson che visse nello stesso secolo del Manzoni raccontava che "il buonsenso è raro quanto il genio". Preferisco di gran lunga una citazione positiva del film di Gibson, Braveheart (1995), che recita così: "E' il buonsenso che ci rende liberi".

Cos'è, dunque, il buonsenso? Giovanbattista Vico, il filosofo dei "corsi e ricorsi storici" vissuto a cavallo tra il Seicento e il Settecento, lo definiva "un giudizio formulato senza riflettere, condiviso da una classe intera, da una nazione intera, o dall'umanità intera". Una sorta, quindi, di coscienza collettiva di junghiana memoria. Ma se è collettivo, il buonsenso, perché molti ce l'hanno in abbondanza e a tanti altri inesorabilmente manca? Che sia piuttosto un fatto genetico, ereditario? Il vocabolario Rizzoli alla voce "buonsenso" riporta questa definizione: "Facoltà istintiva di giudicare con equilibrio e comprensione" e aggiunge che il buonsenso è la "capacità di giudicare e comportarsi con saggezza". "Comportarsi con saggezza": questa sì ci pare una buona definizione.

Il buonsenso è uno sfondo della coscienza sul quale si proiettano le idee, un orizzonte di valori che fa da sintesi al nostro pensare. E' la capacità di ascoltare le argomentazioni degli altri alla ricerca di un punto di convergenza; di trovare in modo spontaneo ed immediato le concatenazioni tra le idee e le differenti forme di sapere acquisito nella vita.

Intellettuali, filosofi, cattedratici, psichiatri e psicologi, medici, persone colte... poco realizzano nella vita se non sono dotate di una sufficiente dose di buonsenso. Ce l'hanno ricchi e poveri, colti e ignoranti, giovani e vecchi... e spesso manca, ahimè, a persone che appartengono alle medesime categorie.'

Interessante eh? Questo è ciò che intendo per pizzico di magia. Ciò che dovete avere se volete intraprendere questa professione, ma non solo, è ciò che dovreste avere abitualmente nella vita di tutti i giorni. Al contrario, la prostituta offre un servizio, punto.

Ora sta a voi capire ciò che siete in grado di fare.

Molte persone pensano che per essere una brava escort devi essere andata a letto con il mondo. Assolutamente no. Non è importante la quantità, ma la qualità.

Lo vedremo nelle prossime ricette.

ELISIR NON VERBALE

Immagine: Graeme Weatherston / FreeDigitalPhotos.net

Preparazione:

La comunicazione non verbale gioca un ruolo importante nell'arte della seduzione. I movimenti facciali sono sottili e intenzionali, dando luogo a migliaia di espressioni a seconda della situazione in cui ci si viene a trovare e sorridere è il primo mezzo di comunicazione.

Pochissime persone sorridono. Solo:

- quando ce n'è bisogno;

- quando devono fare bella figura con qualcuno;

- quando aspirano ad un livello più alto nel lavoro;

- quando devono leccare il culo a qualcun altro.

Per interesse, per arrivismo, per opportunismo. Ma non solo. Come ha scritto Luigi Anolli nel volume La Seduzione, '...esistono alcune espressioni facciali ritenute emblematiche della seduzione. È il **sorriso timido**: un sorriso appena accennato, con la testa inclinata da un lato, leggermente piegata in avanti. Spesso tale sorriso è accompagnato da uno sguardo fugace. Siamo in presenza di un sorriso allusivo perché, nello stesso tempo, da un lato manifesta un atteggiamento di interesse e di attrazione verso l'altro, e dall'altro, esprime uno stato d'animo di riservatezza e di timore. È una proposta che tocca al partner saper cogliere e sviluppare.

Un'altra espressione caratteristica nello scambio seduttivo è il **movimento all'indietro dei capelli**. È un segnale tipico delle donne, anche se è presente negli uomini che abbiano i capelli lunghi. Tale movimento inizia con una lieve inclinazione del capo seguita da un innalzamento del mento verso l'alto. La mano accompagna i capelli e la testa si muove all'indietro, mentre lo sguardo è diretto in modo laterale. È un movimento che serve a sottolineare la bellezza de proprio volto, ad attirare l'attenzione del partner e a segnalargli, nello stesso tempo, il proprio interesse per lui.'

Bene, voi non avete bisogno di 'fingere'.

Dovete imparare a sorridere a seconda della situazione in cui vi trovate. Dovete imparare a 'essere' persone solari.

Voi siete pagate per piacere e la prima cosa importante è ciò che fate vedere a primo impatto visivo.

Tanto per specificare la differenza, sorridere non significa ridere. Significa trasmettere una sensazione piacevole, significa avere un atteggiamento di apertura che l'altra persona percepisce. Comunichiamolo con gli occhi, con la bocca, con tutta l'espressione facciale. Lo sguardo vale più di mille parole. Ha una carica espressiva forte, tanto da far capire se stiamo facendo un sorriso sincero o forzato.

Solitamente i sorrisi di 'convenzione' stirano solo le labbra lasciando lo sguardo impassibile. L'interlocutore che abbiamo davanti lo capisce, non è stupido.

Non sottovalutiamo mai chi abbiamo davanti.

Diamo completamente noi stessi, non solo per arrivismo, ma impariamo il primo codice di comportamento che permette a noi stessi di arrivare in tutto nella vita.

Vi sembrerà un argomento di poco conto, invece è uno degli ingredienti base per insaporire il nostro piatto!

BELLEZZA q.b.

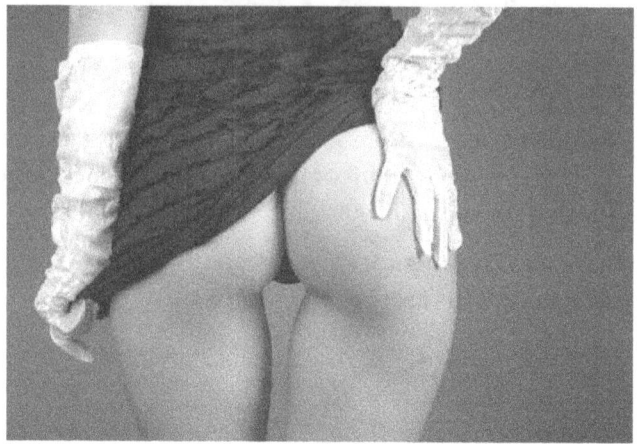

© einemann - Fotolia.com

Preparazione:

Si, quanto basta! Non c'è bisogno di essere delle strafighe, si rischia di intimorirli, di metterli in imbarazzo. Non tutti, ma la maggioranza.

Gli uomini non ci vogliono perfette e patinate come quelle stampate su un cartellone pubblicitario o sulle riviste di un giornale. Si, ci vogliono belle e attraenti, con un bel lato A e B sicuramente, ma dobbiamo essere vere, non finte e non dobbiamo nemmeno mostrare un'immagine che non ci appartiene. Per alcune tipologie di uomo, il grasso piace, ma la percentuale di uomini che ama la donna in carne è molto, molto bassa. La via di mezzo è quella che frutta di più!

Un po' di pancetta e qualche kg in più non creano disturbo. All'uomo piace toccare, sentire tutto il benessere che hanno per le mani. Noi donne se abbiamo qualche kiletto in più (2 kg) ce ne accorgiamo subito: non ci si chiude più la cerniera del jeans, la maglia attillata che fino ad una settimana prima indossavamo, ora evidenzia qualche rotolino...ma l'uomo non fa caso a queste cose, non se ne accorge neanche. Siamo solo noi donne che ci facciamo queste pare mentali. Non per questo ci dobbiamo lasciare andare, anzi; dobbiamo sempre essere molto curate, depilate e profumate. Le nostre mani devono essere ben curate, pulite e smaltate. Il trucco deve esserci, ma non troppo pesante, poiché rischiamo di cadere nel volgare.

Noi siamo belle, seducenti, eleganti...mai volgari. Indossiamo l'abbigliamento giusto nel momento giusto. Cerchiamo di farci delle domande: dove devo andare? È giorno o sera? È all'aperto o al chiuso? E vestitevi di conseguenza, con buon gusto. Non strafate, rischiate di cadere nel ridicolo. L'attenzione che mettiamo nella cura dell'estetica, non è importante: di più! L'occhio vuole la sua parte e l'uomo deve essere attratto esteticamente da una donna per poter andare oltre. Come vedremo successivamente, non conta solo essere belle, ma soddisfatto questo requisito, posso dire che siete già a metà dell'opera, perché in questo caso, ciò che al vostro partner interessa di più è il profumo della vostra figa!

SENSUALITA' IN ABBONDANZA

Immagine: Yai Sirichai / FreeDigitalPhotos.net

 ## Preparazione:

Bene, come abbiamo appena letto nell'ingrediente precedente, con la bellezza siamo a metà dell'opera. L'altra metà è la più difficile da esternare, ma è la chiave che vi permette di conquistare al 100%. E che cos'è? Femminilità! Che non è una questione estetica; non è mostrare il seno o far vedere le gambe. È qualcosa che va oltre. È sensualità. Cercate di individuare i sensi che maggiormente utilizzate e soddisfate in senso pratico: se entrate insieme a lui in una stanza qualsiasi, sorridete ed elogiatelo per l'ambiente in cui vi trovate. Apprezzerà! La stanza

fa veramente ribrezzo? Guardatevi attorno e dite: 'carino questo ambiente!' Poi voltandovi verso il vostro cliente, fissatelo negli occhi e con un tono di voce sensuale, continuate dicendo 'ma preferisco te…' e incominciate a sedurlo.
Non mi dite che non sapete come si fa!

Parlategli, coinvolgetelo con i vostri pensieri. Ditegli cosa pensate di lui. Mostrate il vostro corpo poco per volta, siate sensuali, schive ma vogliose. Utilizzate la fantasia, fategli vedere che godete, che vi piace, è lui che deve essere soddisfatto. Voi godete già per i suoi soldi, è inutile nasconderlo.
Dedicate del tempo ad accarezzare il suo corpo, coccolatelo, fatelo sentire speciale, sorprendente, esclusivo, meraviglioso, così facendo gli darete maggior piacere. Annusate il vostro uomo con piacere, con voglia e sussurrategli che ha un buon profumo.
La escort non deve solo trombare, deve sapere ascoltare, deve essere un po' psicologa, acculturata, saper parlare un po' di tutto, affrontare argomenti (di questo argomento ne parleremo più avanti nello specifico), insomma la donna deve essere tutto quello che l'uomo in quel momento cerca.

Più pretendete un cachet alto, più dovete dare! (Se tanto mi dà tanto…)

Lodatelo per le sue qualità (anche se non ne ha), per i suoi successi, date il meglio di voi stesse per sedurlo, tanto quanto vi paga, ma non lasciatevi mai condizionare dai sentimenti. Perché?

Nella prossima ricetta vi svelerò qualche piccolo trucchetto e le diverse strategie che usano i clienti per manipolarvi a loro piacimento e per far sì che questo accada!

NIENTE SENTIMENTI

© Peter Kim - Fotolia.com

Preparazione:

Non lasciatevi mai condizionare dai sentimenti. Perché? E' un giochetto che molti clienti usano per arrivare a voi gratis! Questa è l'unica maniera per avervi sempre a loro disposizione senza pagarvi. Iniziano dicendo che vorrebbero diventare vostri amici, uscire con voi a pranzo, ogni tanto andare fuori al cinema, ecc. NO! Voi non siete una loro amica. Le amicizie ve le scegliete da sole, senza che lui debba autocandidarsi alla vostra lista di amicizie! Tu escort gli dai quello che lui gradisce e lui dà a te quello tu richiedi. Il tuo è un lavoro. E' un dare per avere. Se tu mi dai, io ti do! L'amicizia è una cosa ben diversa!

Ad esempio, se lavori in'azienda, quelli con cui lavori sono tuoi amici o i tuoi colleghi? Abbiamo già detto tutto!

Vuole uscire a pranzo con te? Fatti pagare! Vuole venire al cinema con te perché soffre di solitudine o vorrebbe godere un po' della TUA compagnia? Basta che paghi! Il fine è sempre quello, tenetevelo sempre in mente! Troppo comodo uscire a gratis, per un suo piacimento!

Questo potete notarlo già al primo approccio. Potete già capire che persona vi trovate davanti (o dietro ad una mail di risposta al vostro annuncio), o quando lo sentite al telefono. Non deve essere una persona che vi fa perdere tempo, che la prende troppo per le lunghe. Vi vuole incontrare a settembre, ma siamo a luglio, e nel frattempo vi chiede di conoscervi un po' tramite mail o con scambio di foto? Assolutamente NO! Non siete la sua dama di compagnia, tanto meno la sua badante! Se ha voglia di sfogarsi un po', esiste il telefono rosa, l'199, la vicina di casa e tutto quello che gli viene dietro! E' un problema suo. Vi contatterà quando sarà disponibile per un vero incontro.

Eliminate le zavorre. Subito. Prima ancora di incontrarle!

'Ma poverino': questo pensiero non deve neanche sfiorarvi la mente!

'Con il pranzo me lo tengo buono': sbagliato, è lui che tiene buone voi! Vi ha per sé tutta la durata del pranzo e voi non avete guadagnato niente!

Non siete a corto di soldi per non permettervi un pranzo. Non siamo nei paesi del terzo mondo che gli 'scrocchiamo' da mangiare...per nostra fortuna possiamo permettercelo anche da sole. Chiedetevi: valete il costo di un pranzo??? No, voi valete di più. Ossia, il tariffario che decidete di valere. Se vi vuole, vi paga anche per avervi solamente a pranzo. Desidera la vostra compagnia anche dopo pranzo o dopo cena? Vi paga dall'inizio del pranzo/cena fino alla fine!

Attente, se si innamora è veramente l'epilogo di una cascata di soldini...ma dovete dosare!!! Concedetevi ma metteteci meno sentimento, nel senso che dovete essere sempre carine, gentili e disponibili, ma risolute quando si sconfina in discorsi che vanno oltre.

Non è così semplice, ci vuole anche coraggio. Non ce l'avete? Bisogna trovarlo. Hai più coraggio ad andare a letto con una persona che non conosci, che parlarci faccia a faccia? So già la tua risposta. Devi invece trovare le parole giuste al momento giusto, tu stai lavorando, non stai facendo beneficienza!

MESCOLATE E TROMBATE!

bartekwardziak - Fotolia.com

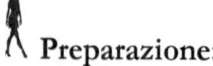

Preparazione:

Come mai questi uomini perdono la testa così facilmente??? Neanche vedessero la madonna! Pensavo che solo noi donne fossimo di facile di infatuazioni!

Allora, quando un cliente si innamora, il problema lo dovete affrontare di petto. Cercate di fargli capire che un rapporto nato sotto la stella della prostituzione non può evolversi. Dite sempre che siete impegnate anche se non lo siete, così evitano di farsi film inutili! Fate in modo che vi veda come una donna di cui non potrebbe mai fidarsi o perché troppo furba, o perché troppo presa dai soldi e che farebbe di tutto pur di averli...insomma una fredda calcolatrice, una traditrice. Se ti chiama tesoro, o amore, o con altri nomignoli, non importa. Se questo lo fa stare bene, lascialo fare. Ma bisogna fargli capire che non può confondere l'amore con il sesso. L'amore è un'altra cosa, si distingue in maniera completamente diversa dal sesso. L'insieme dei gesti che prevedono uno sfioramento o un contatto fisico sensuale, sono state concepite per aiutare uomini e donne a sintonizzarsi, istante dopo istante, sulle esperienze del contatto, dell'eccitamento e del rilassamento, ad apprezzarle e a controllarle. In questo caso non si tratta di atti sessuali, ma di piacevoli modalità per stabilire un contatto con se stessi o con il partner.

Ora, con questo discorso, non voglio dire che non bisogna innamorarsi, poiché ognuno è libero di fare quello che vuole, anzi, ci sono testimonianze di escort che si sono sposate con uomini conosciuti in questo modo, ed ora sono delle coppie meravigliose. Sto solamente facendo capire che, solitamente, chi si innamora è il cliente. Per la escort è un po' più difficile, in quanto non sempre incontra uomini piacevoli. Tutt'altro. Se dovesse scegliere un uomo per l'aspetto fisico, che sia veramente gnocco, dovrebbe pagare lei uno gigolò!!! Gli uomini sono più agevolati, poiché ci sono molte più belle ragazze che begli uomini. Noi donne siamo abituate a non vedere tutti questi fighi in giro, quindi siamo diventate intellettuali per forza! Poi dicono: 'L'importante è quello che c'è dentro'...eh certo, non possiamo avere altro! Meno male che possiamo cogliere qualcosa di buono almeno dentro!

Fortunatamente voi escort siete motivate da qualcos'altro, quindi datevi da fare!
Come vedremo prossimamente, certe incombenze potete lasciarle volentieri alle loro care mogliettine.

Ed ora mescolate tutti gli ingredienti e trombate!

SEXE ET ARGENT

(Sesso e soldi)

**Ingredienti:**

Capire il tipo di persona che hai davanti

Pochi momenti di sconforto

Qualche 'servizio' in più

Tariffe senza tasse?

2 donne per 1 uomo

La vuoi fare davvero? Allora coraggio e metti in forno!

Ma non darla via gratis!

La ricetta è stata alleggerita con ingredienti e sapori odierni per renderla più fresca e attuale. Accompagnate questo piatto ad una buona musica!

CAPIRE IL TIPO DI PERSONA CHE HAI DAVANTI

Immagine: Dynamite Imagery / FreeDigitalPhotos.net

⚘ Preparazione:

Il problema 'soldo' è una rogna non da poco.
Il cliente ci prova sempre a contrattare. Voi non siete in saldo. Non siete un capo d'abbigliamento. Non siete neanche un oggetto come molti pensano. È vero che il cliente ha sempre ragione, ma non fatevi mettere i piedi in testa solo perché è lui che paga. Togliamoci questa mentalità dalla testa. Il rispetto è la prima cosa. Se incontriamo un uomo che non ha rispetto, maschilista, o a pelle percepiamo che è un tipo violento, lasciamo perdere. Andiamo via. Evitiamolo. Possiamo scegliere. Non esiste solo il suo soldo. Non esiste solo lui. È questo che l'uomo non ha ancora capito. Vuoi diventare una escort di lusso? Lascia la feccia alle altre! Seleziona. Scegli. Te lo puoi permettere. Sei bella, la tua sensualità ti si sprigiona da tutti pori, hai eleganza e classe.

Un altro dilemma è la questione Tempo. Molti clienti vorrebbero un incontro senza fretta, di 2-3 orette ma pretendono di pagare il tariffario di una sola ora. Tu puoi dedicare il giusto tempo in base a chi hai di fronte ad un cliente abituale, dopo un anno o solo dopo 5 incontri, questo lo decidi tu, ma non al primo incontro! Immancabilmente tutti i clienti ci provano. Anche questa è una mancanza di rispetto.

Puoi dare molto e puoi ricevere molto:

- Le persone che contrattano non ti danno <u>niente di certo</u> a livello umano.

- I clienti che ti trattano come un oggetto solo perché pagano, non ti danno <u>niente di più</u> a livello umano.

- Gli uomini che si sfogano con la violenza, non ti danno <u>niente di buono</u> a livello umano.

Prima di tutto siamo persone! Secondo, non aver paura di perdere clienti, ne trovi altri...il mondo è pieno di uomini che la vogliono!

Questo ragionamento, tuttavia, vale anche per il cliente: esso è prima di tutto una persona, con un desiderio sessuale da soddisfare ma, ha pur sempre un cervello, un cuore, due occhi e una bocca per parlare. Eh si! Perché molto spesso, il cliente viene per sfogarsi, per sentire un po' di calore umano, si vuole sentire coccolato, speciale, importante e soprattutto ascoltato! E voi siete lì, per ascoltarli, per coccolarli, per farli sentire importanti e speciali...un oggetto è inanimato e non potrebbe fare tutto ciò.

Non sottovalutate mai chi avete davanti. Cercate invece di cogliere l'attimo e frequentate persone che come possono ricevere da voi, possono anche darvi e insegnarvi qualcosa di nuovo nella vita.

Quindi, se capirete subito che persona avrete davanti, riuscirete a gestire qualsiasi tipo di situazione!

POCHI MOMENTI DI SCONFORTO

Immagine: Photostock / FreeDigitalPhotos.net

Preparazione:

Capiterà che avrete dei momenti di sconforto. Basta che siano pochi. A volte vi potrebbe capitare di raccontarvi da sole la storia dell'orso, del tipo: 'sono stata coraggiosa perché ho fatto una cosa che le altre donne magari non si sognerebbero mai di fare'. Oppure: 'sono sicura che alcune persone mi disprezzerebbero, penserebbero che sono una cattiva persona e invece io ho sempre la mia umiltà, dignità e umanità...' e non è la storia dell'orso, è la verità! Certo, voi siete sempre delle bellissime persone che fanno un lavoro diverso da un altro. Ognuno è libero di pensare quello che vuole, giustamente. Non andrete bene a tutte le persone che sapranno la vostra professione. Ma per altre sì. Ognuno deve fare ciò che si sente di fare. C'è chi ammazza, chi ruba, chi fa del male psicologicamente, i falsi governanti, i finti perbenisti...potrei continuare all'infinito. Fatto sta, che alla gente non importa in quanti pezzi il tuo cuore sia spezzato. Il mondo non si ferma aspettando che tu lo ripari. È per questo che devi rialzarti più forte di prima.

Non sei migliore di tanti altri e non sei peggiore di tanta altra gente. Quando ti senti un po' giù di morale, coltiva gli affetti, la tua famiglia, vai a trovare gli amici, le persone più care...ti faranno sentire meglio. Non isolarti mai, non ne hai motivo. Stai serena, credi sempre in te stessa e fai solo le cose che ti senti di fare anche se capiterà di sbagliare, perché solo con gli errori imparerai il vero senso della realtà.

Come dice uno spot pubblicitario "voi valete"!

QUALCHE SERVIZIO IN PIU'

© nice74 - Fotolia.com

Preparazione:

Riguardo al discorso 'servizi' vi elenco i più basilari, o per meglio dire, i più richiesti sul mercato:

- Bacio alla francese (con la lingua)

- Rapporto orale (pompino)

- Titjob detto anche 'spagnola' (lavoro col seno)

- Penetrazione classica (lato A)

- Anale (lato B)

- Il profilattico sempre tranne per il finale che però non sarà "interno" (coito interrotto)

- Pissing (fare e ricevere la pipì addosso)

- Stabilire la tua tariffa (prima di tutto)

- Trio (2 donne con 1 uomo, o 2 uomini con 1 donna)

- Un po' di fetish…(footjob)

- Bondage (padrona-schiavo)

E ci fermiamo qui.

Alcuni uomini amano il bacio alla francese. Alcune escort professioniste non fanno questo servizio. Le donne più degli uomini considerano il momento del bacio particolarmente erotico e un qualcosa di esclusivo da dedicare solamente all'uomo 'speciale', mentre per molti uomini esso non è altro che un preliminare all'atto sessuale. È giusto ricordare anche che, i baci trasmettono diversi batteri. Quindi o per un motivo, o per un altro, molte escort preferiscono non baciare. Il mio consiglio al riguardo è, fare quello che ci si sente di fare, capendo sempre la persona che hai davanti.

Il rapporto orale, se non vuoi praticarlo scoperto, è possibile eseguirlo anche con il condom per lui (profilattico maschile) o il femidom per lei (profilattico femminile).

Il titjob non è altro che una spagnola, ossia l'atto di masturbare l'organo genitale maschile con il seno. L'uomo, al momento dell'orgasmo, eiacula sul collo di lei formando la cosiddetta 'collana di perle'. Il risultato assomiglia vagamente ad una collana di perle, per via delle gocce e filamenti di sperma depositati sulla pelle.

Usare sempre il profilattico durante la penetrazione classica. Nell'attimo in cui l'uomo raggiunge l'orgasmo, nonostante indossa un profilattico, non viene dentro al canale vaginale, ma sempre all'esterno del corpo in zone che più eccitano. Cerchiamo di essere delicate nel dire le cose e usiamo tatto nel specificare ciò che si desidera fare o meno, poiché ricordatevi che l'uomo è più sensibile di voi in certi casi!

Il Pissing è l'azione di fare o ricevere la pipì addosso, sia da parte di lei o da parte di lui, o da entrambi. C'è chi prova a berla per sentirne il sapore, c'è chi ama solo vedere fare la pipì o sentirne il calore sulla pelle. Questo 'servizio' si inserisce nel campo fetish. Che cos'è il feticismo? Al riguardo vorrei spendere qualche parola in più. Il fetish è un approccio alla sessualità caratterizzato dalla rilevanza erotizzante attribuita sia a determinati tipi d'abbigliamento, in genere intimo - come corsetti e simili - sia, e soprattutto, per l' importanza data al materiale di cui essi sono fatti, come la gomma, il cuoio, il latex e così via. Nero e, in minor misura, rosso sono i colori prevalentemente preferiti.

Il sesso spesso porta a svolgere dei giochi di ruoli. Donne vestite da infermiera, da cameriera, da diavoletta, ecc. Perché i feticisti, in questo caso, amano il gioco dei ruoli.
Guanti e scarpe femminili, dal tacco molto alto, sono altri accessori fondamentali per l'estetica fetish. E lo stesso per gli stivali (anche in questo caso prevalentemente femminili), specie se fascianti l'intera gamba.
L'oggetto inanimato diventa sostituzione della persona…ad esempio il piede. Tra le parti del corpo una particolare importanza per l'estetica fetish è data dal piede. Questo gusto sessuale si manifesta spesso (ma non sempre) in persone che esprimono la propria sessualità nella forma della sottomissione. Come abbiamo visto nel caso del footjob, un uomo può anche arrivare a masturbarsi con i piedi di una donna fino a raggiungere un orgasmo.

Il fetish, quindi non si caratterizza per la predilezione per una o più specifiche pratiche sessuali, (come il sadomaso o il bondage, dove arrivano fino a farsi calpestare, frustare, e dove qui il dolore diventa piacere), quanto piuttosto per la ricerca di determinate situazioni in cui la componente estetica è senz'altro centrale.

Ad ogni modo, chi pratica attivamente il feticismo dei piedi, non sempre è necessariamente un soggetto schiavo della persona che riceve tali attenzioni. Esso ha una considerazione per i piedi identica, e quindi aggiuntiva, a quella per le zone erogene considerate 'normali'.

Molte persone, ancora oggi, si pongono questa domanda: 'come mai la donna deve vestirsi in modo sexy per far sì che l'uomo si ecciti, non può presentarsi semplicemente come mamma l'ha fatta?

Se escludiamo per un attimo l'argomento fetish, l'universo maschile è veramente difficile da capire. Ma possiamo dire che non possiamo fare di tutta l'erba un fascio. Ossia, c'è chi ama la donna vestita in modo sexy e provocante, e c'è chi ama invece la donna nuda. È una questione di gusto personale. Di carattere. Di mentalità. Di tutta una serie di cose che portano una persona ad avere quella determinata predilezione. Ora, sta a te capire, se quella persona si avvicina al tuo modo di pensare, di essere.

Se invece sei una escort professionista, questa 'accortezza' è fondamentale, e la tua bravura sta nel capire immediatamente cosa ama il partner che hai di fronte.
Ovviamente più sei 'completa', più puoi pretendere un cachet alto. Meno dai, meno ricevi. Funziona così.

Un consiglio che vorrei dare è: usare sempre la propria testa e mai cercare di copiare gli 'stereotipi'. Siate invece la 'matrice', trasmettete un qualcosa di diverso, di nuovo, come voi ci siete soltanto voi!

TARIFFE SENZA TASSE?

TARIFFARIO
PRESTAZIONI DELLA CASA

SEMPLICE......£. 1,50
DOPPIA..........£. 2,5
1/4D'ORA........£. 3,10
1/2ORA..........£. 5
1ORA.............£. 7,20

—— ··· ——

ASCIUGAMANO e
SAPONE   £. 0,5

Ord.N'871 ANNO 1927(VI)E.F.

 ### Preparazione:

Stai ancora pensando ai punti elencati in 'Qualche servizio in più' e hai deciso che piuttosto di approfondire certi servizi preferisci abbassare le tariffe? Non pensarci neanche! Sai cosa arriva se abbassi le tariffe??? Di tutto, anche la feccia! (tutto il rispetto per gli uomini). Meglio stare alte coi prezzi e avere gente selezionata.

Ovviamente se fai foto meravigliose e ti proponi su un sito potresti aumentare il tuo giro di clienti e selezionare solo gente benestante. Ma sorge un problema: io sicuramente non posso dirti passo per passo come fare, poiché sarebbe illegale. Come dicevo all'inizio, non ci sono rimedi, né terapie. La prostituzione è sempre esistita e per debellarla bisognerebbe estinguere il genere maschile! Se come abbiamo visto però, il genere maschile è la vostra risorsa, perché debellare la prostituzione? Meglio pagare le tasse! In diversi paesi del mondo, la escort paga le tasse. Fa la dichiarazione dei redditi. È giusto! Ormai tutti hanno capito che senza non si può stare. La escort è una lavoratrice autonoma. Quindi? Deve pagare le tasse, fare la dichiarazione dei redditi, versare i contributi, ecc...e tutto ciò che gli viene dietro. Voi in questo momento penserete che forse non sono proprio a favore delle escort, invece vi sto solamente aprendo gli occhi.

La escort, mette annunci su diversi siti, foto, numeri di telefono per essere contattata, usando pseudonimi, nickname inventati, nomi fantastici. Il tutto condito da una buona dose di balle, per svolgere la professione di nascosto, per paura di essere scoperte da qualche alta carica ufficiale, dall'amante, da...questo lo sapete voi, comunque sempre da qualcuno. Perché dovete fare le cose in segreto? In Italia la prostituzione è legale (legge Merlin 1958) tuttavia non si può organizzare la prostituzione né esercitarla al chiuso. Nonostante ciò, sempre più donne intraprendono questa carriera. Vuoi per la crisi, vuoi perché molte persone laureate e non, sono ufficialmente disoccupate, vuoi perché il soldo facile attira, vuoi perché tanti soldi fanno gola a chiunque...insomma o per un motivo o per un altro, la prostituzione rimane sempre il mestiere più vecchio del mondo. E sì, per molte di voi è diventata una professione su cui investire. Si inizia dal libero professionista per arrivare al miliardario di Dubai. Morale della storia? Se un giorno scioglieranno da certi vincoli questa professione, ci saranno un sacco di pratiche in meno di cui occuparsi in tribunale!

# 2 DONNE PER 1 UOMO

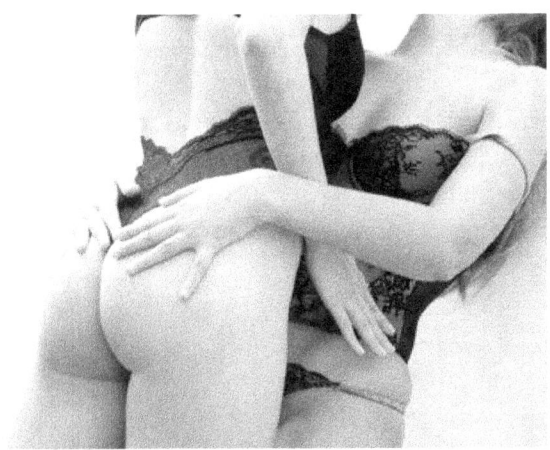

© DNF-Style - Fotolia.com

Preparazione:

O diciamo anche piacere lesbo!

L'uomo si eccita nel vedere un amore saffico. Almeno una volta nella vita vorrebbe provare ad avere 2 donne nel suo letto! E se non lo fanno, lo sognano. Ovviamente non te lo vengono a dire. C'è chi invece mette in pratica il proverbio 'chi ha tempo non aspetti tempo' e paga 2 belle donzelle, una mora e una bionda, e...come per magia, questo sogno si trasforma in realtà! Buon per voi ragazze, perché questo servizio costa di più e fa alzare il prezzo.

Ma attenzione: per realizzare questo tipo di richiesta occorre avere una mentalità da 'zoccola'! Non è un'offesa, anzi, in questo mestiere è un complimento, significa che sei una selfwoman del tuo lavoro!

Devi saper gestire la situazione e conoscere una ragazza che sia complice del tuo stesso gioco. L'obiettivo principale in quel momento è soddisfare l'esigenza dell'uomo, ricoprirlo di attenzioni, non da una, ma bensì da due donne.

Questa è il sogno basico di qualsiasi uomo sulla faccia della terra...fatta eccezione per qualche uomo, che si conta sulle dita di una mano! Poi c'è a chi, due donne non bastano e ne vogliono 3, 4, 5, 10, 20...ne abbiamo un esempio lampante in politica.

Ma poco importa...finché c'è chi paga, c'è lavoro!

LA VUOI FARE DAVVERO?
ALLORA CORAGGIO E METTI IN FORNO!

Immagine: Roland Darby / FreeDigitalPhotos.net

Preparazione:

Vivi questa esperienza con disillusione e un pizzico di leggerezza...guarda dentro te stessa e chiediti perché lo fai.

Per soldi? Bene, è una buona motivazione.

Per sentirti desiderata? Può essere anche quella una buona motivazione, ma non basta.

Ricordati sempre chi sei e quanto vali, non sminuirti mai, c'è tanta gente che fotte il prossimo senza troppi scrupoli e senza sensi di colpa.

L'importante è che non ti svendi, anzi direi, non regalarti...non hai mica bisogno di fare beneficenza, hai bisogno d'argent!!! Ed è per i soldi che la dai via.

E per fare questo ci vuole coraggio e se non ce l'hai, te lo dico subito: non è un mestiere che fa per te! Pensi: 'mi piacerebbe ma non ho il coraggio'.

Non è facile, anzi...capita di tutto. Non è che puoi scegliere il più figo come a Uomini e Donne. Tutto il rispetto per questi uomini, ma la maggior parte sono brutti, con la pancia, calvi (c'è anche chi subisce il fascino del 'pelato'), grassottelli (ma solo perché amano la buona cucina ☺) e tanti altri meno carini di quelli che ho appena citato (di cui vi risparmio), ma che avrete sicuramente il piacere di incontrare.

Per l'uomo è diverso: naviga su un sito e sceglie quella che nella foto lo aggrada di più. Voi ragazze invece, andate alla cieca. Praticamente, oltre ad avere solamente un nome (fra l'altro inventato) e il numero di telefono, non sapete altro. In poche parole, andate ad un appuntamento al buio! La volete fare davvero? Siete pronte a gettarvi nelle braccia di un uomo che non avete mai visto? Magari vi scambiate delle mail dove ognuno manda la foto dell'altro. Cosa avete risolto? Ci dovete comunque andare a letto. Per l'uomo è diverso. Questi problemi non se li fa. Per lui, il discorso funziona al contrario. La cosa diventa eccitante. Sapere che sta andando ad un incontro con una bella ragazza, che non ha mai visto prima, lo arrapa ancora di più. Non faccio di tutta l'erba un fascio. Parlo degli uomini che amano pagare una escort per andarci a letto.

Se sei qui a leggere questo libro, forse è perché vorresti imparare qualcosa di più su questo mestiere. Forse ci stai pensando. O forse non appartieni a questa categoria e sei curiosa di leggere, magari per cercare qualche risposta alle tue domande, del tipo: come mai molti uomini frequentano le escort? Perché vanno a prostitute? Ma soprattutto, che bisogno c'è di pagare quando potrebbero avere l'amante gratis? Per quale ragione??? È semplicissimo: non solo perché sono belle e disinibite, ma soprattutto perché non rompono le palle, dicono sempre di si e se un giorno dovesse finire il rapporto fra cliente-escort, basta un sms (a volte neanche quello). Facile no? Potresti pensare che una donna che si comporta così assomiglia ad un burattino. Per la escort, fare questo è semplicemente un lavoro e fra l'altro molto redditizio, quindi non si fa certe pare mentali.

Gli uomini, sapendo questo, rilassano la loro coscienza: per alcuni è come andare in palestra, per altri è concedersi un momento di distrazione dai propri problemi, un'ora di relax, un attimo di piacere...per ognuno è un momento di stacco dalla realtà, piacevole e allo stesso tempo liberatorio. Solitamente, chi cerca l'escort, è l'uomo sovraccaricato dagli impegni, dai viaggi di lavoro, dai pensieri, da mille cose. Con l'amante, al contrario, subentrano i sentimenti, e ciò lo porterebbe a stressarsi ancora di più. In caso lui si stancasse non riuscirebbe a liquidarla con una semplice telefonata o un sms: inizierebbero le tragedie greche!

Svelato questo mistero, andiamo avanti.

Ovviamente, si possono fare anche altri lavori nella vita, non solo questo. Nello svolgere un altro tipo di lavoro, non ci vuole coraggio, ma una gran dose di 'culo' nel trovarlo, oggi come oggi. Per quelle di voi che non hanno ancora questo coraggio, ma ci state provando, vi dico: non vi svendete. Avere il coraggio di darla e incontrare persone sconosciute non è facile...se no lo farebbero tutti/e!

Se invece il coraggio è la vostra arma vincente, allora mettete in forno e cuocete!

MA NON DARLA VIA GRATIS!

Immagine: Yai Sirichai / FreeDigitalPhotos net

Preparazione:

Abbiamo già parlato del fatto di non regalarla. Infatti ora parleremo di ciò che è giusto e ciò che è sbagliato. L'importante è che fai felice te stessa. A costo di fare ciò che gli altri considerano immorale! E cosa è immorale e cosa no? Ciò che giudichiamo con la nostra testa? Non è detto che il tuo pensiero sia giusto come il mio non è detto che non sia sbagliato. Ad esempio: è meglio darla via in discoteca per il piacere di trombare con il primo che capita senza precauzioni, o è meglio darla via avendo rapporti protetti unendo il piacere ad una vita migliore? Giudicate voi. Io mi astengo dal dare giudizi. Ognuno penso deve essere libero di fare quello che si sente di fare. L'importante è non fare del male nessuno e non parlo moralmente; quello ce ne facciamo entrambi, tutti, sempre! Tu che mi stai leggendo non sei da meno. C'è da capire piuttosto, cosa c'è di buono e cosa c'è da scartare dopo che li avete conosciuti. Ecco che qui avrete la possibilità di scegliere. Quando non si hanno problemi di soldi tutto diventa più leggero, vi fa stare più tranquille, si prende la vita in maniera diversa. Non si hanno più preoccupazioni, si dorme la notte, ci si sveglia meglio e si inizia una giornata migliore.

Ti riconosco lontano un km quando passi lungo le vie del centro, quando vai al bar anche solo per un caffè, quando fai una passeggiata all'aria aperta, al ristorante con l'amica...ti riconoscere fra mille. Il tuo sguardo non è più dolce, ma ammaliante...tu sei più seducente, sei più elegante nei modi di fare, sei più solare, contenta, tranquilla, più sicura di te e l'hai imparato giorno per giorno in quello che fai. Ecco perché ti si nota lontano un miglio. Ecco perché sei attraente. Ecco perché, ora sei così anche nella vita. Il sesso c'è ovunque.

Tu hai solo deciso di non concederti gratis.

LE CHARME DU DIABLE

(Il fascino del diavolo)

**Ingredienti:**

Un po' di sposati e un po' di single

Indossare lingerie sexy

Determinazione e charme

Qualche piccolo accorgimento

Usare sempre precauzioni

Noi donne sedute su una banca!

Questa ricetta è stata concepita per aiutare uomini e donne a sintonizzarsi, istante dopo istante, sulle esperienze del contatto, dell'eccitamento e del rilassamento, ad apprezzarle e a controllarle. Buon appetito!

UN PO' DI SINGLE E UN PO' DI SPOSATI

© michaeljung - Fotolia.com

Preparazione:

La maggior parte degli uomini che amano frequentare escort, sono sposati. Inutile negarlo. Si sa. Ma c'è anche una percentuale di uomini single. Bassa, ma c'è. L'uomo single, come l'uomo sposato, vogliono la stessa cosa. Ma per voi escort, la differenza è che il single si può sfruttare di più: è libero, non si deve nascondere, non deve inventare sotterfugi o avere accorgimenti poiché non deve rendere conto a nessuno, quindi potrebbe essere disponibile a fare viaggi anche culturali, pranzi, cene, shopping, gite in barca, alberghi di lusso, senza avere il timore di essere visto da qualcuno/a. Anzi, se porta in giro una bella ragazza, se ne vanta! L'unica preoccupazione, è che, essendo solo, vi chiami quando vuole e ogni volta che gli pare! No! Voi siete la sua compagna di giochi dentro al letto, non al telefono (a meno che non vi paghi). Siete quello che gli manca, quello che lui vorrebbe avere in quell'istante, ma lo siete sempre e solo nel momento in cui siete insieme.

Fatevi raccontare ciò che ha fatto durante la settimana solo quando andrete all'appuntamento. Così sarà ancora più bello. Ci sarà la curiosità d'incontrarsi e raccontarsi, entrambi, quello che avete fatto, le vostre idee, i vostri hobby, i vostri interessi, ecc.

Se vi raccontate tutto per telefono ogni giorno, arriverete all'incontro senza argomentazioni e non avrete più niente da dirvi. Non solo, eviterete di perdere tempo inutilmente e non sprecherete energie. Quindi sfruttate certe caratteristiche, capite chi avete davanti e…tirategli via anche le mutande! (in tutti i sensi)

Sembro un po' venale? Perché scusate, voi andreste a lavorare gratis? Fare la escort è un lavoro, non un hobby!

INDOSSARE LINGERIE SEXY

© z3zo - Fotolia.com

 ## Preparazione:

Se conoscerete un uomo disposto a pagarvi per avere un trucco pesante e particolare, un abbigliamento più sexy, e un atteggiamento più disinibito, non c'è problema, fatelo! All'interno delle mura e sotto le lenzuola, esaudite ogni suo desiderio. Ma quando andate all'appuntamento il vostro abbigliamento dovrà essere casual ma provocante, il vostro trucco leggero ma sensuale e il vostro atteggiamento tranquillo e amichevole. Vi deve vedere come la ragazza della porta accanto, che si scatena solo dentro al letto, come il diavolo e l'acqua santa!

L'universo maschile è molto semplice da esplorare...in primis cercano di placare una loro perversione o bisogno con la lingerie sexy: questo scalda l'atmosfera, tempra lo spirito e rigenera la mente!

Ebbene sì, l'erotismo ha una funzione molto importante poiché è da qui che parte il tutto.

Può svilupparsi mediante l'immaginazione o la fantasia, e l'uomo ci dà bene su questo punto...spesso ama fantasticare sulla donna osé, modelle bellissime, ma ama fantasticare anche sulla vicina di casa che in quel momento sta pulendo le scale del condominio e già la immagina in giarrettiera!

Come dire...ce l'hanno in testa!

È una questione ormonale...figuriamoci quando la loro fantasia si concretizza. Non soddisfano solo gli occhi, ma vanno fuori di testa! Sapendo questo, fate qualche sorpresa al vostro uomo indossando ogni volta lingerie diversa. Non sapete come tenervi stretto il vostro cliente più facoltoso? Semplice: una volta vi presenterete con il vestitino da infermiera e lo curerete come solo un'infermiera sa fare ☺! Un'altra volta vi vestirete da poliziotta con tanto di manette e frustino ☹...la volta successiva vi vestirete come lui vi vorrà vedere. Aspettatevelo, ci prenderà gusto e sarà lui stesso a farvi proposte.

A questo punto, auguri! Ma non lo perderete mai.

DETERMINAZIONE E CHARME

Immagine: Roland Darby / FreeDigitalPhotos.net

 ## Preparazione:

Le vere protagoniste della cucina erotica sono le straniere, tra cui le ragazze dell'est, che in questa ricetta rivestono un ruolo particolare. Molte di queste donzelle, hanno un fisico stupendo e quando vogliono sedurre un uomo, sprigionano tutto il loro sex appeal. Le straniere in Italia sono moltissime, proprio per questo hanno prezzi concorrenziali e per accalappiarsi più clienti possibili abbassano i prezzi, ma le italiane non temono la concorrenza.

Al contrario, sfruttano l'esclusiva made in Italy e…conquistano sfoggiando tutto il loro charme! Questa è la vera quintessenza che non si vede, ma c'è!

Dovete essere molto determinate a sfruttare il prossimo il più possibile e non guardare in faccia a nessuno! Questo non vi deve causare disagi, anzi, chiediti come hai fatto a non pensarci prima, negli anni dell'università, quando l'hai svenduta a studenti morti di fame invece che farla fruttare. Forse eri solo più idealista, oggi invece più realista e calcolatrice. È questo che devi essere. Continua per la tua strada finché vorrai. Smetterò, non smetterò? Quanto tempo ancora lo farò? Non darti tempo...finché ti desidereranno, finché avrai la voglia di farlo. Nessuno ti obbliga. È una tua scelta. Non si sa. L'unica cosa che sai è che non devi più fare i conti con il portafoglio e puoi comprare quello che vuoi. Forse per la prima volta in vita tua puoi fare shopping senza nessuno che finanzia davanti alla cassa o senza rinunciare a qualcosa per non potertelo permettere!

Sei indipendente, desiderata, apprezzata e venerata come la madonna! Gli uomini ti adorano e pur di averti pagano fior di quattrini!

Ora rifatti la stessa domanda: quanto tempo ancora lo farò?

QUALCHE PICCOLO ACCORGIMENTO

© Ana Blazic Pavlovic - Fotolia.com

 Preparazione:

Ora, visto che siete molte e già fate questo mestiere, sicuramente vi potrà essere d'aiuto qualche piccolo accorgimento:

56

- Due numeri di telefono

Avere due o più numeri di telefono è importante per separare la vita privata da quella lavorativa. Al cliente diamo un numero di telefono diverso da quello privato, (quello che usiamo per fare le escort), in modo tale da spegnerlo quando non lavoriamo, onde evitare di essere disturbate. Il problema che sussiste nel fare questo lavoro è: mettere in preventivo il maniaco, il perverso, quello strano, quello che ti fa chiamate anonime, quello che chiama ma non parla...insomma, una serie di persone che io definisco 'perditempo'. Ecco perché, ogni tanto bisogna cambiare numero di telefono. Eviti di accumulare sempre più persone perditempo!

- Fidanzamento

Dire sempre che sei fidanzata, anche se non lo sei. Con eleganza mantieni il distacco. Lui sa che sei impegnata, che non sei sola e perciò non ti disturba. Così facendo ti tuteli. Allo stesso tempo, lui sa che non sei sposata, quindi, sei abbastanza libera per viaggiare, per le uscite in barca, le serate nei locali, i pranzi veloci, ecc...

- Nome d'arte

Mai dare il vero nome, ma cambiarlo spesso e a seconda del cliente che incontri. Per chi non ti conosce, non cambia nulla. Per te si. Sempre per il solito motivo, che se incontri 'perditempo', con qualche dovuta ricerca potrebbero sempre trovarti in mezzo al globo! Quindi meglio evitare. Ovviamente, se conosci una persona tranquilla, elegante, rispettosa e con del buon senso, ecco che lì sta a te gestire al meglio la cosa.

- Matrimonio

Sei sposata ma fai la escort: se non lo ami, se il vostro amore è finito da un pezzo, se state insieme solo per convenzione, puoi decidere di continuare a fare la tua vita senza sentirti in colpa, in fondo oggi chi non tradisce? Per soldi, per piacere, per trasgressione, per ripicca, per divertimento…le motivazioni sono mille e non mutano il significato del tradimento in se. Voi lo fate per soldi. Il tempo non è semplice da gestire se hai un compagno, una casa, dei figli, ma con opportune scuse e impegni ce la puoi fare.

Se lo ami, invece, questa professione non fa per te!

Forse sembrerà strano, ma siamo qui per parlare realisticamente. Non esistono solo le escort 'single'. La maggior parte delle escort sono le vicine della porta accanto, sono le care mogliettine docili e comprensive in casa e sexy fuori, sono le fidanzate per convenienza, le commesse part-time che prendono troppo poco economicamente e si rifanno con qualche cliente generoso. Sono anche le donne che hanno un tranquillo lavoro full-time e desiderano concedersi qualche sfizio in più, ma sono anche le donne che non hanno bisogno di soldi: ciò nonostante, sentono il bisogno di sentirsi desiderate da qualcuno, per mancanza d'affetto, per avere un po' di compagnia, per sentirsi apprezzate…insomma, le motivazioni sono tantissime, ma la realtà dei fatti non cambia. Fare la escort è una scelta e ce ne sono più di quante immaginiamo.

- Investimento

Questo è investire sul futuro!!!

Cosa state aspettando, che vi cadano le palpebre, che le rughe arriccino il vostro volto e che vi si rilassi anche il doppio mento? Se veramente volete fare questo mestiere, fatelo finché siete fresche, giovani e belle… se aspettate un altro po' dovrete fare iniziare i saldi! Agli uomini piacciono le giovani e se anche le mature hanno il loro giro d'affari, certo è che hanno tariffe diverse. Pagherebbe mai un uomo migliaia di euro per stare con una cinquant'enne, seppur bella, piuttosto che una giovane e fresca venticinquenne?

Dai ragazze...se avete deciso che questa sarà la vostra nuova avventura, cominciate a farvi un'idea su cosa fare, indossate i vestitini più sexy che avete e fatevi immortalare! Non dovete essere nude...certo un seno è bello ma non si deve essere troppo generose nel mostrare, ok???

Lasciate all'uomo il gusto dell'immaginazione, il vedo non vedo vince su tutto e conquisterete di più.

USARE SEMPRE PRECAUZIONI

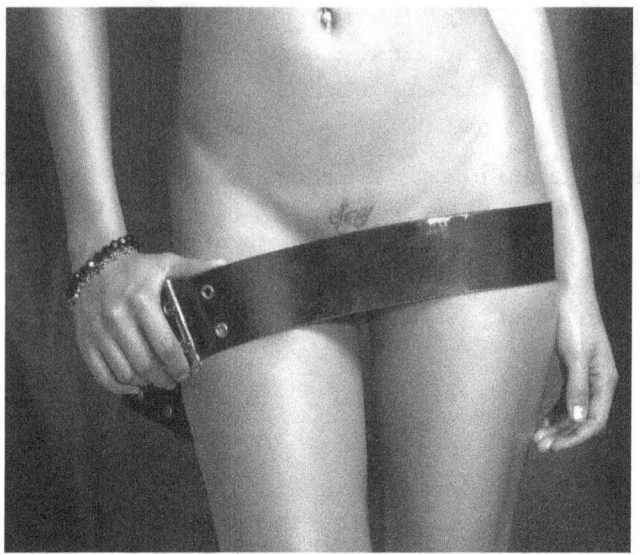

© Paul Hill - Fotolia.com

Preparazione:

Usate sempre il preservativo. Ne abbiamo già parlato, ma lo ripeto.

Rifiutate proposte dove vi offrono di più pur di farlo senza. Mai e poi mai! La vostra salute è sacra. Se certe persone, alla salute non ci tengono, è un problema loro!

Anche con l'orale scoperto è facile prendere qualche malattia, esempio epatite. Vaccinatevi contro l'epatite.

Fatevi sempre la doccia prima di iniziare. Sia voi che il cliente.

Lavatevi sempre le mani.

Sembro un po' vostra madre? ☹ No dai! Vostra madre vi direbbe di non parlare con gli sconosciuti!

Queste precauzioni sinceramente, sono rivolte a tutti. Non solo a chi ha deciso di fare questo mestiere. Quello che ti sei scopato in discoteca la notte scorsa aveva il preservativo? O dalla smania di farlo in bagno non ci hai neanche pensato??? Invece il pensiero della gente è: se fai la escort usa il preservativo! Questo discorso non vale solo per le escort, ma per tutti!

Tutti quelli che non hanno un rapporto stabile e fisso con la stessa persona. Vale sia per gli uomini che per le donne. La salute è tua. È vostra. Tenetevela cara.

Fallo per te stessa. Fallo per te stesso.

NOI DONNE SEDUTE SU UNA BANCA!

© blueee - Fotolia.com

 Preparazione:

È inutile che la andate a cercare in giro. Ci siete sedute sopra. È la chiave che apre diverse porte e un sistema per ottenere ciò che si desidera. È un 'luogo comune' piuttosto diffuso e gli uomini nel corso dei secoli hanno fatto capire esplicitamente che non possono stare senza.

Benissimo, allora voi donne approfittatene! Basta sfruttarla come si deve.

Cala il desiderio in casa e la cercano fuori, ma se vuoi 'mangiare' devi pagare.

L'andamento dell'economia in questo mercato varia anche qui come la borsa di Wall Street: crolla la borsa, aumentano i costi delle materie prime. Crolla la moglie, aumentano i costi delle ragazze giovani!
I mariti vanno alla ricerca della materia prima: più è giovane e soda, più costa.

Il governo sfrutta la crisi mondiale per 'mangiare' da qualche altra parte, voi donne, sfruttate la crisi familiare per aumentare il vostro conto in banca.
Voi non siete quelle che dovete stirare le camicie, lavare le mutande sporche, piegare i calzini, sopportare i loro malumori ecc... questo compito lasciatelo alle mogli! Sarà triste da dire, ma se volete diventare una professionista, è così. Il vostro compito è quello di rimettere a nuovo i loro maritini facendo molti di quei servizi erotici che le loro care mogliettine non vogliono fare. O perché sono bigotte o perché sono timorate di Dio, non importa: voi sfruttate la situazione.

Dovete essere belle, intelligenti, sessualmente disinibite e appetibili. Ridete, scherzate, coccolate il vostro uomo. Non chiamatelo mai cliente. Anche lui è un essere umano. Anzi, è il vostro datore di lavoro. Quindi usate la testa prima di parlare, siate cordiali e molto dolci. Ma soprattutto siate pronte ad ascoltare. Voi fate anche un po' da psicologhe, da consulenti, da amiche...la loro donna non ha tempo di ascoltarli e di capirli; devono stare dietro ai figli, pulire la casa, sopportare la suocera. Arrivano alla sera che sono troppo stanche per fare l'amore con il loro maritino. Hanno male la testa, male la schiena, poi la settimana del ciclo, lo stress della famiglia, lo stress del lavoro, ecc. Ecco che qui, entrate in scena voi. Offrite i vostri corpi meravigliosi senza tabù e con dolcezza quando occorre, con sfrontatezza se necessario, non giudicate, siete lì per loro; giocate, fateli sentire importanti e al centro dell'attenzione.

Allora, un sentito ringraziamento agli uomini che hanno accresciuto l'importanza di possedere questa fortuna: ciò porterà anche all'aumento del vostro conto in banca!

UOMINI

"Come faccio a diventare un bravo accompagnatore o diventare escort per donne?"

La risposta è abbastanza semplice ma comporta una ulteriore domanda: "Che tipo di accompagnatore vuoi diventare?" Fare l'accompagnatore per donne o escort per donne non è solo una professione in cui una mattina ci si sveglia e ci si improvvisa 'gigolò'. Per saper fare l'accompagnatore non basta mettere un annuncio su un giornale o su internet, non basta avere un bel fisico e portare a letto una donna ed automaticamente si diventa gigolò provetti. Per essere capaci e disponibili ad ogni tipo di incontro, bisogna avere una serie di requisiti essenziali e molto importanti per una buona riuscita professionale.

Anche a voi darò qualche ricetta piccante per insegnarvi a diventare dei gigolò provetti! Se lo siete già, questo manuale vi guiderà a diventare più bravi, ottenendo il massimo rendimento dalle vostre doti, per conquistare un ceto di donne esigenti ma allo stesso tempo, generose.

Analizzate, per ogni ricetta, ciascun singolo ingrediente, concentratevi solo sulle esigenze dell'altra persona, unite il tutto e cercate di metterlo in pratica nel lavoro, ma anche nella vita di tutti giorni.

À la bonne heure, mes ami!

DOUX DÉSIR

(Dolce desiderio)

 **Ingredienti:**

Un pizzico di sensibilità
Una manciata di seduzione
Sesso a volontà
Astuzia q.b.
Pronti? Via!

L'insieme di questi ingredienti sono una splendida occasione per interpretare,
creare ed esternare la propria sensibilità. Si tratta di un piatto semplicissimo,
reso grande dalla qualità delle materie prime, impiegate ogni giorno per
migliorare la qualità della vita.

UN PIZZICO DI SENSIBILITÀ

© bartekwardziak - Fotolia.com

Preparazione:

Ci sono vari tipi di accompagnatori e la cosa principale da fare è scegliere cosa si vuol fare e come procedere.

Puoi fare sia l'accompagnatore turistico se la vostra ospite viene da fuori, sia l'autista accompagnatore, sia il gigolò, sia il personal shopper, sia l'accompagnatore ingelositore...dipende dalle richieste che ricevi e dalla tua disponibilità. Cerca comunque, di esercitare ciò che caratterialmente ti si addice di più.

Ad esempio, per fare l'accompagnatore turistico bisogna innanzitutto conoscere bene le città ed i luoghi presso cui bisogna accompagnare la nostra ospite. Sapere almeno un po' di storia sia della città, che dei monumenti. Conoscere dove si trovano i negozi, i ristoranti e i locali alla moda.

Per fare l'autista accompagnatore devi essere in possesso di una autovettura di rappresentanza (tua o in affitto) in modo da accompagnare la tua dama ovunque essa voglia.

Per fare l'accompagnatore o il gigolò o l'escort boy, devi fare del tuo meglio per far star bene la tua ospite durante il tempo che trascorrete insieme. E' molto importante che ci sia un dialogo chiaro, pulito ed onesto. Chiedi sempre che cosa desidera che tu faccia per farla stare bene. Sii sensibile alle sue esigenze.

Io non sono qui per incitarti a svolgere questa professione; se deciderai di fare l'accompagnatore lo farai per te stesso, allo scopo di divertirti e far divertire. Se pensi di essere portato a conoscere persone nuove e fa parte del tuo carattere trovarti bene con molti tipi di persone. Soprattutto, se riesci a gestire bene qualsiasi tipo di situazione.

Fare l'accompagnatore è una tua scelta.

Principalmente deve piacerti stare insieme alla gente e saperti immediatamente in sintonia con persone che conosci per la prima volta.

In caso ti trovassi in una situazione spiacevole, o particolarmente imbarazzante, usa sempre la testa e stai tranquillo. Non lasciare intravedere un tuo disagio temporaneo e trasmetterai serenità anche alla persona che avrai di fianco.

In ogni situazione, in ogni momento, mettici un pizzico di sensibilità: senza eccezione.

UNA MANCIATA DI SEDUZIONE

Immagine: photostock / FreeDigitalPhotos.net

 ## Preparazione:

La seduzione, per una donna inizia dalla mente. Un uomo, quindi, per sedurre una donna, ci deve sapere fare...ci deve mettere charme, grinta e non solo con il corpo, soprattutto con la mente. Il gioco di seduzione che la escort escogita con il cliente, vale anche per lo gigolò.

Il corteggiamento è la prima arma di seduzione.
Una carezza, una frase a doppio taglio, giochi di parole, il contatto fisico, un abbraccio...tutto ciò influisce nel gioco di seduzione mentale. Basta quel poco da far scatenare la fantasia, la voglia di lei di averti. Corteggiala come se fosse la donna della tua vita, come se fossi innamorato di una strafiga.

Parlo da donna. E alle donne non piace avere il burattino sopra o sotto. Il tutto deve essere accompagnato da una buona dose di malizia fatto da gioco di sguardi, savoir-faire... Ma è bello anche, trasmettere interessamento nei confronti del partner, ascoltandola e cercando di capire quali sono i suoi hobby, le cose che ama, scoprire i suoi interessi, i suoi gusti, dentro e fuori dal letto. Questo dà origine ad un rapporto duraturo, crea complicità, magnetismo fino a travolgervi senza neanche accorgervene in un vortice di passione.

Certo, è più facile a dirsi che a farsi...

Le escort bevono qualche bicchierino di whisky per attutire il colpo e immaginano di avere Brad Pitt fra le loro grinfie! ☺

Tu, invece immagina di avere Lola Ponce per le mani...e fai di lei quello che vuoi!

Ma fallo!

 SESSO A VOLONTA'

© Gabi Moisa - Fotolia.com

Preparazione:

Dopo aver sedotto una donna con le arti 'visive' sai fare sesso?

Oltre alla zona genitale ci sono anche altre parti del corpo che possono provocare momenti piacevoli, come ad esempio accarezzare altre zone che accendono l'eros, come i capelli, la fronte, le orecchie... Ma attenzione: la lingua nelle orecchie non piace, è un lavaggio non richiesto!

Quando il corpo è eccitato possiamo anche giocare con i genitali. Insistere su una zona rossa...il perineo: zona fra ano e testicoli. È una zona molta sensibile, viene anche definita zona L, come il punto G nelle donne.

La giusta stimolazione in quelle zone, può provocare velocemente un orgasmo anche per l'uomo. Si può cercare di capire insieme quali fantasie piacciono di più e quali si vorrebbero sperimentare, perché no? Sono fantasie che tutti gli uomini e le donne hanno...si narra addirittura che Cleopatra fosse la regina del sesso orale. Lei stessa si vantava di aver assaggiato 1000 uomini!

Per fare sesso, insomma, bisogna saperlo praticare. Parlo a te, maschio: sapere fare sesso, non significa fare una prestazione penetrando una donna e continuando all'infinito solo per far vedere quanto tempo duri! Alla donna non interessa affatto...anzi, percepisce solo la tua ansia da prestazione e non gode. Sapere fare sesso, significa essere coinvolti insieme in quello che si sta facendo.
Non è esibizione, ma complicità.
Non è semplice prestazione, ma passione.
Ci devi mettere voglia, energia, gioia, spontaneità, passione, brama...non sono parole messe una a fianco all'altra per riempire pagine bianche, ma rifletti sul significato di ognuna di loro. È difficile bramare una persona che ti ha solo dietro compenso, ma questa è la sfida nel riuscire ad essere un bravo gigolò. A voi

uomini riesce abbastanza bene fare sesso senza amore, quindi non vi dovrebbe risultare troppo difficile. Tuttavia, cercate di non fare soltanto sesso, ma individuate e appagate le esigenze dell'altra persona.

Imparate a fare sesso!

ASTUZIA q.b.

© olly - Fotolia.com

 Preparazione:

Questo ingrediente vale anche per le escort donne. Quindi a tutte e due le categorie comunico: attenzione! Non è tutto rosa e viola. Molte persone cercano di fare il proprio gioco cercando di sfruttare al massimo la vostra compagnia. Se vi saltano alla mente queste parole, significa che c'è qualcosa che non va:

<u>Va beh</u>… Questa è la classica situazione quando ti accorgi che uno/a cliente ti ha pagato meno di quello che avete pattuito e dentro di te pensi:

- va beh, c'è chi prende meno…

- ve beh, meglio che niente…

<u>Almeno</u>… Quando pensi a questa parola, stai anticipando un pensiero di questo tipo:

- almeno ho guadagno qualcosa, c'è chi non arriva neanche a fine mese…

<u>Tanto</u>… Questa pensiero salta alla mente quando guardi l'ora e capisci che il/la partner ti intrattiene più del tempo stabilito.

- è già tanto che mi ha pagato!

- tanto un'ora in più o un'ora in meno non cambia…

E invece cambia! Una volta può capitare. Fa parte dell'inesperienza. Ma state attenti: non fidatevi mai delle persone che avete di fronte. Loro sono lì per avere qualcosa, e voi pure.

Questo tipo di pensiero è una giustificazione con voi stessi, per non essere riusciti ad ottenere quello che vi eravate prefissati. Non si può tramutare in rabbia, poiché rischierete di perdere il/la vostro/a attuale cliente.

Consiglio?

Pensate prima di agire. Riflettete sulle cose che fate.

Aggiungete sempre una manciata di astuzia (nel senso buono del termine), in tutto ciò che fate e in quello che dite.

Vi aiuterà a prevenire, anziché curare!

PRONTI? VIA!

Immagine: photostock / FreeDigitalPhotos.net

Preparazione:

Siete pronti ad andare al vostro incontro? Non troppo eleganti, ma adatti alla situazione. Siate ordinati e puliti. Le mani sono la prima cosa che una donna guarda in un uomo. La toccate con le mani, quindi vuole capire come sono. Le vostre unghie devono essere perfette e accurate. Ogni tanto fatevi la manicure, una pulizia del viso e una lampada per dare un tocco di sensualità in più al vostro savoir-faire. Vi incontrerete a cena? È un buon modo per conoscervi. Intrattenete con lei argomenti tranquilli, giocosi e 'leggeri': la politica annoia, e il calcio è un argomento da non sfiorare neanche. Ce l'ha già a casa il patito di calcio, che ogni domenica si piazza davanti alla TV preferendo il calcio a lei!

Ha voglia di passare una serata diversa dal solito...sorprendetela! Il dopocena dovrà essere ancora più piccante: iniziate a spogliarvi, con tutta calma, con un po' di musica di sottofondo...fate uno strip-tease alla vostra signora, senza fretta. Non siate solamente degli esibizionisti per gratificare voi stessi, ma sprigionate la vostra sensualità per eccitarla. Fate in modo che si accenda in lei, il desiderio di avervi. Avvicinatevi sempre di più e scoprite, poco per volta ogni parte del suo corpo, accarezzatela, fatela impazzire...fatela sognare...prendetela e fate ciò che lei ha voglia di fare...e via!

Lasciatevi andare!

HOMME AIMABLE

(Uomo amabile)

 Ingredienti:

Agenzia o self men?

Più di uno

Qualche goccia di svago

Conquistala così

Diffidare dalle imitazioni

Un po' di vigore e un po' di dolcezza

Il segreto del successo!

Questo piatto racchiude al suo interno, sapori e profumi basilari ed è nato

per mettere alla prova, la capacità di un uomo di comprendere le esigenze

mentali e fisiche di una donna.

AGENZIA O SELF MEN?

 Preparazione:

Ci si chiede se è meglio lavorare da soli, quindi procurarsi i clienti, inserire annunci, diventando imprenditori di se stessi, oppure appoggiarsi ad una agenzia.

Scusate l'ignoranza, ma l'agenzia di escort (compresi gli uomini), non trae profitto dal loro servizio?

Alcune ragazze/i non hanno neanche la possibilità di scegliere: sono costrette/i a prostituirsi e il loro protettore guadagna su di loro.
Questo non è sfruttamento della prostituzione?

Vorrei riportare le testuali parole catturate su Wikipedia: 'strettamente legato alla prostituzione è il suo sfruttamento, praticato per trarre profitto dall'attività di chi offre il servizio, da parte di persone che generalmente si presentano come protettori. La legge Merlin (1958) è nata appunto per contrastare lo sfruttamento della prostituzione altrui'.

Io penso:

Chi fa da sé, fa per tre!

PIÙ DI UNO

© Andriy Petrenko - Fotolia.com

Preparazione:

Bene, se il sogno di un uomo è quello di farlo con due donne, il sogno di una donna è quello di farlo con una squadra di calcio! O per lo meno, avere diversi uomini…tutti per lei. Non mi dibatterò molto su questo argomento, ma posso farvi riflettere su un giorno dell'anno molto particolare; l'8 marzo non vi dice niente? Festa della donna. Avete mai visto le donne alla loro festa? Nooo??? Il delirio…lo strip man si trova in mezzo all'arena, accerchiato da una massa di femmine infuocate, aguerrite ed eccitate! Il problema è che ce n'è solo uno…se per caso capitasse qualche altro uomo, oltre a quello presente al centro della scena, ci sarebbe la corsa a chi arriva prima per accalappiarselo!

E allora, senza dirle niente, falle una sorpresa, (perché fondamentalmente è un suo desiderio nascosto): datti da fare per cercarle una squadra di uomini giovani, sexy e muscolosi, e tutti insieme fatele un bellissimo strip-tease!

Qui l'essere intellettuali non serve. Siate professionali, ma seducenti.

Ora sì che ci siete!

QUALCHE GOCCIA DI SVAGO

© Yuri Arcurs - Fotolia.com

 Preparazione:

Cosa significa? Nella maggior parte dei casi, ballare è puro divertimento, al fine di socializzare e definire i rapporti all'interno di un gruppo. Il ballo, a differenza della danza, non ha lo scopo di rappresentazione, ma ha lo scopo di lasciarsi andare…è un momento liberatorio, di intimità, di svago, di relax...solitamente ballare per una donna è sinonimo di più elementi: adrenalina, gioia, passione, seduzione, gioco, divertimento...non dico per tutte, ma per la maggior parte delle donne, il ballo è fondamentale.

Chi non balla fuori, balla in casa, sotto la doccia, si muove per quel che può in macchina mentre guida, si lascia cullare dalla musica nei negozi mentre fa shopping, mentre cucina, quando corre. È nel DNA di una donna. Sapendo ciò, un uomo che decide di fare tale mestiere, deve tenere conto di un aspetto importante come questo.

Di conseguenza devi essere anche tu un amante della musica...non sei tenuto a essere il re del ballo, ma sicuramente devi sapere muoverti a ritmo, portare la tua dama, spiaccicare qualche passo...se proprio non riesci a fare tutto ciò, tenta con il ballo lento, mettendoci un po' di sensualità. Se proprio non riesci a fare neanche questo e il ballo non fa proprio per te, lascia stare! Cambia mestiere...perché una buona arma di seduzione è proprio la musica, e se non ce l'hai nel sangue, non si può installare come un programma si installa nel PC! Ci saranno donne che forse non vorranno andare a ballare, sicuramente, ma uno strip-tease come glielo fate? Non è sensualità a ritmo di musica? Non è provocazione? Si, ed anche un bellissimo gioco di seduzione. Decidere di fare questo mestiere significa essere in grado di soddisfare il partner a 360°. Bisogna essere completi. Occorre avere una dote particolare. E saperci fare non è da tutti.

La bravura dell'escort, gigolò, o accompagnatore, (chiamatelo come volete), sta nel soddisfare appieno il proprio partner. La prima uscita è la più semplice: c'è imbarazzo da entrambi le parti, ma la curiosità di conoscersi supera il disagio iniziale, quindi la serata scivola via velocemente...cosa vi inventerete la prossima volta per far sì che vi richiami anche per un successivo incontro? Magari si inizia ad instaurare un relazione, basata non solo sul rapporto escort-cliente, ma imperniata anche sull'amicizia, sulla complicità, sulla stima...e se siete completi, riuscirete a portare avanti la conoscenza negli anni. La bravura sta proprio qua: saper far durare un rapporto nel tempo! E ci si può riuscire essendo creativi ad ogni incontro. Il gusto della sorpresa alimenta costantemente la voglia di rivedersi.

Un giorno la accompagnerai a fare shopping, un altro giorno la porterai a fare una passeggiata, una sera la sedurrai con un travestimento hot e un'altra volta ancora, la porterai a ballare!

Questi sono solo esempi per farvi capire che le idee da realizzare sono infinite e per mantenere vivo l'interesse del vostro partner nei vostri confronti sta nel riuscire a sorprenderlo di continuo.

Difficile se non siete completi! Se vi manca qualcosa, lei lo cercherà in un altro.

Molte persone pensano che per essere un bravo gigolò devi avere avuto molte esperienze in questo campo. Come abbiamo visto precedentemente, non è importante la quantità, ma la qualità.

Il prossimo ingrediente sarà molto esplicativo al riguardo.

CONQUISTALA COSÌ

Immagine: photostock / FreeDigitalPhotos.net

 Preparazione:

La risata può essere un'esplosione di emozioni. Nel senso positivo, ridere è simbolo di benessere. Una bella risata di gusto! E la donna ama ridere, ama sentirsi serena, ama l'allegria, il piacere di stare bene...Sii ironico, pieno di apprezzamenti, ma soprattutto usa tutto il tuo charme per farla sentire unica e meravigliosa. Quando sentirai in una donna una risata 'grassa', significa che l'hai fatta veramente ridere. Il genere femminile è attratta dalla gente ironica, che sanno farle ridere. Sei un tipo ironico? Fatti questa domanda. Fa parte dell'essere completi per poter fare questo mestiere. La risata può essere anche uno sfogo di emozioni negative, come la tristezza, la rabbia, risata nervosa...Arriverà anche a piangere, se le darai quella fiducia che cerca. Ma ci sono anche cause fisiche che possono stimolare la risata a prescindere da qualunque contesto emotivo: ad esempio, il solletico.

Decidi tu quale sia il metodo da usare, ma vuoi conquistare una donna? Falla ridere!

UN PO' DI VIGORE E UN PO' DI DOLCEZZA

© CURAphotography - Fotolia.com

Preparazione:

Puoi essere l'uomo più bello e attraente del mondo, ma se non ci sai fare a letto, si smonta il palco! Cosa c'è di peggio che restare delusi da un uomo piacente che non sa fare i preliminari?

I preliminari!!! Eh si lo ripeto...(la ripetizione è la madre della memoria) per chi non lo sapesse!!! ☺

Le donne amano i preliminari. Alcune farebbero solo quello.

Uomini avete capito bene??? (è bene che questo capitolo lo leggano tutti gli uomini presenti sulla faccia della terra!)

È triste da dirsi, ma esistono uomini che, ancora oggi, non sanno neanche da che parte iniziare. Non esistono regole ma ci sono alcuni concetti base che, se seguiti, possono migliorare il rapporto sessuale della coppia.

I preliminari a letto sono necessari, a livello fisiologico, per le donne, poiché aiutano la lubrificazione della vagina; soprattutto desiderano raggiungere l'orgasmo col clitoride.

Che cos'è il clitoride?

Parlando in maniera semplice e chiara, è una zona del corpo femminile molto sensibile. Il primo tocco è piacevolmente elettrizzante e i successivi sono via via sempre più eccitanti fino a raggiungere l'orgasmo. Anche il punto G, è una parte del corpo molto eccitante, da non confondere con il clitoride! È un'altra zona della donna che se stimolata dona piacere coinvolgendo tutto il corpo. La donna sperimenta ogni volta un intero universo di sensazioni. Sempre se trova un partner in grado di soddisfarla sessualmente!

Le donne quindi, non esprimono solo eccitazione o piacere, ma anche intimità e completo abbandono, che è ciò che gli può dare il proprio corpo. Ancora oggi, esistono molti uomini che non sanno cos'è il clitoride. È triste da dire, ma purtroppo è così. Di conseguenza, non sanno far godere la propria donna, la propria compagna, la propria moglie…insomma il genere femminile.

Ecco svelati certi 'misteri'…ma soprattutto avete scoperto come mai certe donne, dopo una notte di sesso, non vogliono più rivedere lo stesso uomo!

Forse ora avete qualcosa su cui lavorare!

DIFFIDARE DALLE IMITAZIONI!

© Coka - Fotolia.com

Preparazione:

Si, avete capito bene. Se siete la falsa copia di uno gigolò, prestante e vigoroso, lasciate perdere. Le imitazioni non le gradisce nessuno, tanto meno una donna che paga per avere ciò che desidera. E sì, poiché c'è differenza fra una donna che paga per avere un uomo e un uomo che paga per avere una donna. L'uomo, non dico che si accontenta, ma non mira molto all'aspetto intellettuale: gli interessa più che altro il profumo della figa! La donna, sì, è interessata anche lei al lato sessuale, ma per arrivare a 'consumare' deve essere conquistata mentalmente. È vero che paga, ma a livello psicologico preferisce sapere che è stata conquistata, affascinata e sedotta da un uomo irresistibilmente sexy. Per questo guarda molto l'aspetto fisico, la prestanza, la 'misura', il profumo, l'odore della pelle...insomma tutta una serie di cose difficile da soddisfare.

Da questo punto di vista, la escort donna è molto più agevolata. Ha meno discorsi da intrattenere, ma deve riuscire a sostenere un rapporto più fisico, come ad esempio tenere testa un uomo che la desidera anche per ore. Quindi possiamo dire che la relazione che intercorre fra escort donna e cliente è un tipo di rapporto più concreto, più fisico. Tutto parte dai genitali (di lui). Il rapporto che si crea invece, fra l'escort uomo e la cliente donna, è un tipo di rapporto intellettuale. Tutto parte dalla testa (di lei).

Ecco perché, meglio arrendersi prima se capite che non siete all'altezza!

Ma se riuscirete a premerle il bottone giusto, se arriverete a conquistarla mettendo in pratica i consigli di queste ricette, state sicuri che non vi mollerà più!

IL SEGRETO DEL SUCCESSO!

© nyul - Fotolia.com

Preparazione:

Arrivati! Dopo tanta fatica, potete concedervi un po' di meritato relax. Detta come va detta, dopo aver trombato col vostro partner, potete sfruttare il tempo a vostra disposizione per conoscervi meglio, per chiacchierare, per raccontarvela...perché no? Per rendersi complici di un'intimità consumata fra due persone sconosciute, magari piacevole per entrambi.

Forse è l'inizio di un nuovo incontro. Forse è l'ultimo con quella persona. Lo scoprirete solo in quel momento. Se il vostro ospite vi vorrà rivedere, sarà interessante sperimentare cose nuove. La difficoltà, come abbiamo visto negli ingredienti precedenti, sta proprio qui: mantenere nel tempo la stessa persona senza che il partner si stanchi di te.

Il segreto del successo? <u>Mai essere banali. Mai dare niente per scontato. Avere un'ottima memoria.</u> Ricordatevi chi avete davanti, quello che vi ha detto, cosa gli piace e cosa no, comportandovi di conseguenza. Fate vostri questi consigli, non seguitemi alla lettera, magari la mia strada vi porterà in un'altra direzione. Voglio invece, che impariate a riflettere sulle realtà oggettive e le assimiliate per farle vostre. Personalizzatevele. Ma non sottovalutate questi aspetti, sono ingredienti fondamentali per avere veramente successo.

Infilatevi sotto le lenzuola e chiacchierate un po' di voi, del più e del meno…di viaggi, hobby, passioni. Gustatevi un the con dei pasticcini, spizzicate qualcosa insieme, una bibita fresca, coccolatevi in una vasca rilassante e brindate alla vita, perché no? Soddisfare il palato, dopo aver fatto sesso, influisce positivamente; tutti i sensi del nostro corpo sono collegati fra loro, quindi godetevi in tutto e per tutto, sempre se il tempo lo permette.

Ma se la situazione in sé lo tollera, rilassatevi insieme.

SINCERAMENTE?

Immagine: photostock / FreeDigitalPhotos.net

Preparazione:

Questo manuale è stato scritto per migliorare la professione di escort. Per comprendere se veramente si è portati a farlo o meno. Bensì per capire cosa fa realmente l'escort. Ma la verità, il motivo vero che mi ha spinto a scrivere questo manuale, è mettere in evidenza l'esigenza di ogni uomo e di ogni donna. Abbiamo appreso ciò che ama un uomo in una donna, a livello sessuale, mentale e comportamentale. Per altro, abbiamo imparato ciò che piace ad una donna a livello sessuale, mentale e relazionale. Ora io penso che, se le coppie mettessero in pratica i consigli sopracitati, i mariti non avrebbero bisogno delle escort e le mogli non avrebbero bisogno dello gigolò!

Ci voleva un manuale così per capire che, se tu moglie, dai a tuo marito ciò che cerca, non ha bisogno di cercare fuori quello che non trova in casa? E ci voleva un libro così per far capire a te, marito, che se forse non ti riducessi ad una massa di grasso, con le pantofole davanti alla tv, forse tua moglie non andrebbe in estasi alla vista di un uomo prestante, fisicamente messo bene e che in più le mostra anche interesse? Perché volete far morire il vostro rapporto?! Ormai sembra che la normalità della vita, sia: sposarsi, fare dei figli, adagiarsi, non sopportarsi più, tradirsi, separasi.

Ma se questo è un film già visto che senso ha sposarsi? Continuiamo a stare single e a goderci la vita che più ci piace. Siccome sappiamo benissimo che siamo fatti per avere una famiglia, come mai non ci impegniamo affinché il nostro matrimonio sia meraviglioso, passionale e pieno di rispetto?

Se vi siete sposati, significa che vi siete amati: perché allora non continuare ad amarsi anche nel tempo? Voi mi risponderete: non è facile, la vita è dura, lo stress, il lavoro, pensavate fosse amore invece era un calesse, ecc...

Troppo comodo. Troppo facile pensare così.

Se voi la pensate in questo modo, allora io semplicemente vi dico: ecco che a disposizione continueranno ad esserci amanti gratuiti ed escort passionali!

C'è l'imbarazzo della scelta, ma anche tu puoi scegliere: continuare ad amare il tuo matrimonio, o cercare fuori. Tu cosa scegli???

Anziché un manuale su come diventare bravi escort, avrei potuto scrivere un trattato su: 'Come avere un matrimonio felice',

oppure 'Come rendere vivo l'amore di coppia'…ma quanti ce n'è?

E chi mi avrebbe ascoltato in mezzo alla folla? Chi mai avrebbe letto quello che veramente desidera una donna e un uomo?

Solo così, in modo diretto e senza peli sulla lingua, abbiamo scoperto la verità di ognuno di noi.